일상日常의 일상―想이
향기가 되어

일상日常의 일상日想이 향기가 되어

발행일	2026년 1월 5일

지은이	김홍준
펴낸이	손형국
펴낸곳	(주)북랩

출판등록	2004. 12. 1(제2012-000051호)
주소	서울특별시 금천구 가산디지털 1로 168, 우림라이온스밸리 B동 B111호, B113~115호
홈페이지	www.book.co.kr
전화번호	(02)2026-5777					팩스	(02)3159-9637

ISBN	979-11-7598-000-6 03810 (종이책)		979-11-7598-001-3 05810 (전자책)

잘못된 책은 구입한 곳에서 교환해드립니다.
이 책은 저작권법에 따라 보호받는 저작물이므로 무단 전재와 복제를 금합니다.
본 도서는 (주)북랩이 보유한 리코 인쇄 장비 등 자체 생산 인프라를 통해 제작되었습니다.

작가 연락처 문의 ▶ ask.book.co.kr
전용 게시판에 문의를 남기시면 저자에게 직접 전달됩니다.

(주)북랩 성공출판의 파트너
북랩 홈페이지와 SNS에서 다양한 출판 솔루션을 만나 보세요!
홈페이지 book.co.kr   •   블로그 blog.naver.com/essaybook   •   출판문의 text@book.co.kr
카톡채널 북랩

일상 日常의 일상 一想이
향기가 되어

김홍준 지음

 북랩

프롤로그

하늘을 올려다보는 시간

어느 날 문득,
고개를 들어 하늘을 바라보았습니다.
회색빛 도심 사이로 파란 하늘 한 조각이
마치 오래된 편지처럼 내게 말을 걸었습니다.
"괜찮아요, 지금 그대로도 충분히 아름다워요."
그 순간, 잊고 지내던 감정들이 조용히 깨어났습니다.
사랑했던 기억, 스쳐간 계절, 바람과 빗소리,
그리고 이름 모를 슬픔과 기다림까지…
그것은 바람 한 줄기에도 흔들리고,
햇살 한 조각에도 따뜻해지는 그리움과 사랑의 언어가 되어
내 안의 시가 되었습니다.

이 시집은 그렇게,
하루의 끝이나 새벽의 고요한 시간 속에서
잠시 올려다본 하늘 아래에서 시작된 이야기입니다.
지친 마음을 잠시 내려놓고,
당신의 하늘 속에도 작은 위로 한 줄기가 스며들길 바랍니다.

차례

프롤로그_하늘을 올려다보는 시간   4

시 편 詩篇

제1장 사랑, 그리움의 빛

사랑은 기다림이고, 기다림은 그리움이었다. 사랑이 시작되고,
사라지고, 다시 피어나는 시간의 기록.

회복실에서   16
수술실에서 나온 아내의 건강을 걱정하는 남편의 마음을 표현

시집 가는 날   20
강둑의 신부를 보며 결혼을 앞둔 여인의 마음을 표현

예쁜 얼굴   24
진정한 아름다움은 미소에서 비롯됨을 표현

구애 求愛   26
사랑의 이유를 영화 속 구애 장면처럼 표현

영결종천 永訣終天   28
장인과의 이별 속에서 느낀 회한과 그리움

아내   30
세월이 묻은 아내의 얼굴에서 느낀 사랑과 고마움

하늘을 보면서   32
일상 속 잠시 올려다본 하늘의 위로와 그리움

기다림 1　　　　　　　　　　　　　　　　　　36
떠난 연인을 향한 기다림과 추억의 낙서

기다림 2　　　　　　　　　　　　　　　　　　40
사랑과 그리움이 닮은 마음의 형상

너무 슬프지 않게　　　　　　　　　　　　　　44
이별의 아픔을 담담히 받아들이는 사랑의 태도

기다림 3　　　　　　　　　　　　　　　　　　46
기다림을 삶처럼 받아들이는 사랑의 인내

머피와 루루伴侶犬　　　　　　　　　　　　　　50
반려견의 죽음과 남은 존재에 대한 사랑과 기억

루루의 새벽伴侶犬　　　　　　　　　　　　　　54
새벽에 돌아온 반려견의 따뜻한 체온과 사랑

절정絶頂　　　　　　　　　　　　　　　　　　58
생의 가장 강렬한 순간

제2장　바람이 부는 계절

자연은 늘 시의 첫 페이지였다. 바람과 비, 꽃과 하늘이 계절의 노래로 말을 건다.

인생　　　　　　　　　　　　　　　　　　　　62
상수리 잎의 색 변화로 인생의 사계절을 비유

수채화　　　　　　　　　　　　　　　　　　　64
비 온 뒤 숲속 반영된 자연의 풍경과 행복한 감정

낙수落水　　　　　　　　　　　　　　　　　　68
낙숫물의 리듬으로 인생의 무상함을 형상화

바람風   70
거센 바람 속에서 쉼과 위로를 느낀 순간

산책   72
도토리 줍는 다람쥐를 보며 느낀 가을의 평화

아침   74
비 갠 하늘과 이슬 빛에 비친 봄의 맑음

봄   76
개나리 새순에서 느낀 봄의 도래와 생명력

대추나무   78
가을 대추 따는 아이들의 밝고 천진한 모습

4월의 비바람   82
봄비 속 흔들리는 계절과 감정의 미묘함

봄 2   86
겨울과 봄의 경계에서 느낀 생명의 기운

고추잠자리   88
여름과 가을의 경계에서 느낀 성숙의 시간

소풍笑風   92
벗들과의 추억 속 행복했던 소풍의 기억

제3장 일상의 단면, 도시의 풍경

반복되는 하루 속에서도 시는 살아 있었다. 커피 향기, 버스 손잡이, 전철의 창문… 그 안에 우리의 숨결이 있다.

쉼   96
비 온 뒤 숲 속 반영된 자연의 풍경과 행복한 감정

출근하는 서울 98
도시인의 반복되는 하루와 퇴근길의 고단함

비눗방울 102
놀이터 아이들의 놀이 속 순수한 감정

꿈 106
술과 음악 속에서 떠오른 고향과 내면의 평화

성하천盛夏天 110
도심 속 노동자의 여름 풍경과 삶의 애환

운동장 114
늦은 밤 운동장에서 느낀 고독과 회상

노란 우산 118
경포대에서 본 우산에 떠오른 이별의 정취

심야深夜 122
고요한 밤, 깨어 있는 자의 내면의 독백

감기몸살 126
아픔 속 멈출 수 없는 고통의 실감 표현

일상日常의 상념想念 128
새벽 출근길 버스 속에서 본 일상의 단상

순환선 132
지하철 속 무표정한 군중의 회색 풍경

짧은 여정 136
스물아홉의 고단한 인생길에서 본 희망의 꽃

꿈(밤의 노래) 138
아내에게 국화를 선물하던 저녁의 따뜻한 기억

소크라테스의 결혼 142
사회 속 구속과 결혼 후의 현실적 성찰

첫걸음 144
첫 출근의 설렘과 불안, 그리고 용기의 다짐

이메일   146
전자편지로 이어지는 사랑의 소통과 그리움

잊혀가는 단어들   150
사라져가는 감정의 언어를 되찾고 싶은 마음

산문 편 散文篇

새벽시장   156
환갑여행   160
오므라이스   164
선물   168
봄 3   170
택시, 그리고 작은 추억   174
소풍笑風 2   176
안산의 향기   180
운동화   184
친구에게   188

에필로그_바람이 지나간 자리에서   192

시 편 詩篇

제1장

사랑, 그리움의 빛

사랑은 기다림이고, 기다림은 그리움이었다.
사랑이 시작되고, 사라지고, 다시 피어나는 시간의 기록.

회복실에서

요람을 흔들 듯

하얀 눈 덮인 침대를
앞으로 밀어보고
뒤로 당겨보고
왼쪽으로 끌어보고
오른쪽으로 옮겨본다.

하얀 마스크의 할아버지가
파란 마스크의 할머니를
조용히 내려다본다.

깊게 패인 주름 위로

눈물 한 방울
고마움이 호수가 되고

눈물 두 방울
미안함이 강을 이루고

눈물 세 방울
그리움이 바다가 된다.

시작時作 모티브 motive

수술을 마치고 침대에 누워 회복실로 들어온 아내의 창백한 모습을 물끄러미 내려다보며 이리저리 침대를 움직이며 건강 상태를 살피는 남편의 마음을 생각해 보았습니다.

시집 가는 날

연둣빛 옷고름 아래로
흐르듯 감아 내린
자줏빛 치마저고리.

개나리 노란 웃음 아래
살포시 드러낸
꽃고무신 분홍 코에는

따스한 봄빛이
아지랑이로 춤을 춥니다.

벚꽃 눈송이
강둑으로 바람에 흩날리는데,

삼단 같은 머릿결 밑으론
옥빛 이슬이
바람에 마르고 있습니다.

거북등 거친 손을 움켜쥐며
말을 잇지 못하는 세월…

내 스물여덟 여린 가슴에는
어젯밤,
말없이 건네주신
당신의 빨간 댕기가 젖어 있습니다.

당신이 내게 주신 사랑은
여름날 봉숭아꽃으로 남지만,

당신께 드린 나의 사랑은
희미한 눈가에
깊은 주름으로 남았습니다.

이 밤, 홀연히 떠나면…
며칠을 밤새워 베갯잇 적실

당신의 사랑을 간직해
내게도 줄 수 있는 사랑을
달맞이꽃으로 피우렵니다.

시작時作 모티브motive

결혼 후 아내와 함께 청주 무심천을 따라 걷던 어느 봄날, 강 두둑에는 개나리가, 언덕 위에는 벚꽃이 바람에 흩날리고 있는데, 자줏빛 치마저고리에 빨간 댕기를 단 채 야외 촬영을 하고 있던 예비 신부를 보았습니다. 그 순간 문득, 내가 만약 저 여인이라면 결혼을 앞둔 그 순간은 어떤 마음일까? 그 떨림과 설렘, 어머니의 거친 손과 주름을 보며 말하지 못한 속마음을 그려 보았습니다.

예쁜 얼굴

세상에서
가장 예쁜 얼굴은
미소 짓는 얼굴입니다

세상에서
가장 아름다운 얼굴은
웃고 있는 얼굴입니다

미소 지으며
웃고 있는 당신이
진정 사랑스럽습니다.

시작時作 모티브motive

외모 지상주의 시대에 '예쁜 얼굴'의 의미를 다시 생각하며, 아름답고 예쁜 얼굴은 마음속에서 피어나는 미소 띤 얼굴임을 표현하고자 했습니다.

구애求愛

내가 그대에게 다가가
꽃이 되고 싶은 것은…
풀잎 내음 가득한
들꽃 향기를
두 손 가득 담고 싶기 때문입니다.

내가 그대와 함께
운무 가득한 호수 가에 가고 싶은 것은…
이슬 머금은 아침,
그리움의 바람 향기를
가슴으로 맞이하고 싶기 때문입니다.

솔잎 향기 흩날리며
나를 감싸 안는 당신의 온기,
기다림을 사랑하고 있기 때문입니다.

시작時作 **모티브**motive

영화 속 구애 장면을 보며 '내가 당신에게 구애한다면 그 이유는?' 무엇일까 생각하며 적어 보았습니다.

영결종천 永訣終天

오늘은
아버지라 부를 수 있는 분과
영원히 이별하게 되었습니다.

당신의 눈꽃 같은
흰 머리카락,
선한 웃음으로 불러 주던
'김서방'

추억은 기억으로
그리움은 눈물로,
당신을 향했던 미움도…

한 방울 눈물이 되어
숨죽여 어깨 들썩이는
당신을 봅니다.

시작時作 모티브motive

장인의 장례를 치르고 화장터에서 내려오는 길, 아내가 숨죽이며 흐느끼는 모습을 보며 영원한 이별의 무게와 남겨진 이들의 회한悔恨과 그리움을 그려 보았다.

아내

그리운 사람이 있습니다.
보고픈 사람이 있습니다.

생각하면 눈물
한 방울,
두 방울,
흐르는 사람이 있습니다.

내게
시린 가슴으로 남겨질 당신을…
주름 하나둘,
흰 머리카락 하나둘 더해가며

흰 꽃 눈송이 되어 쌓이는
…당신을
…눈으로 만져봅니다

시작時作 모티브motive

소파 팔걸이에 누워 잠들어 있는 아내의 얼굴을 바라보며, 눈가의 주름과 정수리의 흰 머리카락이 하나둘 늘어난 모습을 보고, 세월이 쌓여가는 아내를 향한 고마움과 미안함, 그리움과 사랑을 그려 보았습니다.

하늘을 보면서

당신은
가끔 하늘을 올려다보시나요?

깊고 푸르른 호수 속에서
하얗게 미소 짓고 있는
내가 보이나요?

스스한 바람 한 줄기에도
아련히 꽃처럼 피어나는 이름이 있고,
구름 사이로 내려지는 빛살 속에도
잊고 지낸 그리움이 가득합니다.

그리움은 늘 하늘처럼 푸르름으로 머물고,
기억은 햇살처럼 빙글빙글 내 곁을 맴도는데,
발길은 길을 잃었습니다.

잠시 걸음을 멈추고
하늘을 올려다봅니다.
아직도 하늘 끝에서
나에게 손짓하는 당신을 봅니다.

시작時作 **모티브** motive

바쁜 일상 속, 얼마나 자주 하늘을 올려다 보시나요? 잠시 눈을 들어 푸른 하늘과 뭉게구름을 바라보며 일상의 마음을 잠시 쉬게 하고, 그리운 마음을 파란 캔버스 위에 그려 보았습니다.

기다림 1

기다림은 그리움입니다.
그리움은 사랑입니다.

어쩌면 우리는
기다림을 사랑이라 합니다.

초록빛 그녀의 사랑은
푸른빛 잔잔한 나의 꿈이었습니다.

마른 눈을 비비며 일으키는 아침은
언제나처럼 여린 가지 위에 걸려 있건만

겨우내 잠들어 있던 나의 마음은
봄빛 커튼을 열지 못합니다.

입춘이 지날 때면 버릇처럼
한 줄의 낙서樂書를 하며
지나온 겨울을 생각합니다.

그다지 춥지 않은 겨울을 보내 놓고는
모두들 추운 겨울이었다 합니다.

밤사이 느낌도 없이 내리던 하얀 눈도
옛날 일이라며 안타까운 마음들입니다.

그렇게 사랑이 마르고 있습니다.
그렇게 그리움이 떠나가고 있습니다.
그렇게 기다림이 잊혀 가고 있습니다.

시작時作 모티브motive

계절은 겨울에서 봄으로 바뀌고 있지만, 떠나간 그녀는 나에게 기다림만을 남겨 놓았습니다. 낙서落書가 낙서가 아닌 낙서樂書인 것은 그녀와 함께한 추억마저 즐거움으로 남았기 때문입니다.

기다림 2

가슴을 쓸어내리는 봄비만큼
아련한 그리움으로
파란 하늘을 올려다봅니다.

푸드덕, 푸드덕
하얀 깃털 구름이
쪽빛 바람을 타며 흐르고,

강렬한 햇살 속,
은사시나무의 반짝이는 춤사위 사이로
비치는 얼굴,
아련한 얼굴들…

별빛이 내려앉은
검은 탁자 위의 장미꽃은
아직 향기 남아 감돌고,

차갑게 흘러내리는

시간의 조각들을 모아

추억의 책갈피에

가만히 접어 놓아봅니다.

시작時作 모티브motive

어느 봄날, 은사시나무가 바람에 흔들리며 반짝이고 하늘에는 뭉게구름이 떠나간 당신의 얼굴을 하고 있습니다. 그날의 빛과 바람, 장미 향기… 당신과 함께했던 시간이 그립습니다.

너무 슬프지 않게

간다면 아주 간다고 말하렵니다.
잊으면 영영 잊는다고 말하렵니다.
우리의 사랑이 너무도 힘들고
헤어짐의 이별이 아프다 해도
우리는 너무 슬퍼하지 맙시다.

가슴 저미는 파스텔 빛 언어가
어깨 위로 흐르는 바람에 묻어
밤하늘 어둠 속으로 사라져도
우리는 너무 슬퍼하지 맙시다.

먼 후일 봄빛 따사로운 햇살 아래
풀잎처럼 돋아나는 사랑이 있어,
떨리는 가슴으로 마음을 적실 수 있다면
우리는 이제 너무 슬퍼하지 맙시다.

시작時作 **모티브**motive

저녁 노을빛이 창가에 스미던 어느 날, 사랑하는 임이 떠난다며 슬퍼하는 모습을 보았습니다. 지금의 사랑이 떠나가더라도 또 다른 사랑이 찾아올 터이니 너무 슬퍼하지 않아도 되지 않을까? 그런 생각을 해 보았습니다.

기다림 3

작은 떨림에도
가슴은 파랗게 멍이 듭니다.

바람이 옷깃을 스칠 때에도
두 눈은 시린 하늘을 담습니다.

먼지처럼 많은 시간이 흐르는데도
내가 할 수 있는 단 한 가지,
당신을 그리워하는 기다림뿐입니다.

파란 하늘을 맴도는 새의 날갯짓에
내게 날개가 없음을 미워합니다.

창문이 흔들리는 소리에
운명처럼 잠을 이룰 수 없고,
바람결에 당신의 향기가 묻어올까

창을 열어 밤하늘을 바라보지만,
마르지 않은 눈가에 별빛이 희미합니다.

기다림이 운명이라면
그리움을 삶처럼 안으렵니다.

시작時作 **모티브** motive

사랑의 감정이란 무엇일까? 기다리며 그리워하는 마음과 그리워하며 기다리는 마음은 서로 닮아 있는 것은 아닐까? 이미 그 순간, 사랑은 시작되고 있었던 것은 아닐까?

머피와 루루伴侶犬

윤슬처럼 다가와
풀잎 같은 사랑을 주던 너.

동녘 어스름 햇살 내리꽂던 날
무지개를 타고 떠났구나.

주마등처럼 스치며
가슴을 헤집고 스며드는
너의 간지러운 속살거림.

문가에 젖은 턱 내려놓고
앞발 가지런히 모아 껌벅껌벅
그리움으로 기다리니,

학처럼 고요히 빛나던 눈망울 아래로
몽글몽글 맺혀 떨어지는 추억들.

당신의 총총한 발자국 소리,
깜짝 놀라 두 귀 쫑긋 세워
맴맴 빙글빙글 돌며 맞이합니다.

시작 時作 **모티브** motive

윤동주 문학관(당)을 다녀와 오(육)행시 시작을 시도해 보았습니다. 18살에 무지개 다리를 건넌 반려견 머피와 외출했다가 돌아올 엄마를 현관 문턱에서 턱 괴고 기다리는 11살 루루를 바라보며, 그리움과 사랑을 표현해 보았습니다.

머피 그리고 루루

루루의 새벽伴侶犬

조금 열린 문틈으로
민이의 루루가 왔습니다.

새벽이 아직도 멀기만 한데
교회당 종소리를 등에 업고
안개 흐린 길을 어둑어둑 온 것입니다.

새벽이슬에 루루의 하얀 털이
함초롬히 젖어
아침도 젖어 있는데,

시계는 째깍째깍
어둠에 울어 아침을 밝히고,
루루는 몸을 흔들어
이슬을 털어냅니다.

비끼는 창살 위로
흐린 달그림자가 내려앉고,
언니의 체온이 남아 따스한 자리엔
교회당 종소리가
시계 소리를 대신합니다.

삐진 창틈으로
새벽 달님이 훔쳐보며 웃고 있는데,

주니의 작은 손은
루루의 젖은 허리를
살며시 안아 버렸습니다.

시작時作 **모티브**motive

반려견伴侶犬 루루가 새벽 밖으로 나갔다가 이슬을 맞고 들어와 저 방에서 이 방으로 돌아다니다가 내 곁에 와서 잠을 청하려 하는 모습을 바라보며…

절정絶頂

살 끝의 털들은
불꽃처럼 솟아오르며
파르르 떨고,

팽팽한 사지의 긴장은
사방의 끝을 향해 숨을 몰아 치닫는데,

햇살 같은 찰나의 정적은
구름 위에 잠들어,
떠나는 님의 손끝을 잡는다.

시작時作 모티브motive

생의 가장 강렬한 찰나, 모든 감각이 하나로 모여 폭발하듯 터져 오르는 절정과 그 뒤에 밀려오는 고요한 여운을 그려 보았다

제2장

바람이 부는 계절

자연은 늘 시의 첫 페이지였다.
바람과 비, 꽃과 하늘이 계절의 노래로 말을 건다.

인생

신록이 비를 만나면 초록이 되고,
초록이 비를 만나면 청록이 되고,
청록이 비를 만나면 갈록이 되고.
갈록이 비를 맞으면 흰꽃이 되네.

시작時作 모티브motive

가을, 오솔길을 걷다 비에 젖은 상수리 잎의 짙은 갈빛을 보며 인생의 봄, 여름, 가을, 겨울 사계절을 떠 올렸다. 신록의 새 생명 탄생에서 흰꽃의 마무리까지…

수채화

맑은 물 한 대접.
알록달록 꼬마 인형.

흰 구름 몽글몽글
파란 하늘 파릇파릇.
초록초록 나뭇잎과
백설 공주 오두막집.

발자국 찍어
오솔길을 만들고,
두 팔 휘휘 저어
꽃 숲을 만드니
꽃나비 이슬 되어
무지개를 뿌렸네.

한 대접 맑은 물에
풀어 헤친 춤사위.

콩콩당당 뛰는 가슴
부끄러움 숨길 수 없네.

시작 時作 **모티브** motive

비 내린 후의 숲속 풍경을 그려 보았다. 웅덩이에 고인 빗물에 반영된 내 모습과 오솔길을 따라 펼쳐져 있는 작은 개천과 집, 다리 위로 아스라이 걸린 무지개, 바람에 흔들리는 웅덩이의 빗물을 바라보며 행복해 하는 마음을 담아 보았다.

낙수落水

빗물이
처마 끝을 타고…

똑,
똑,
똑,

떨어져
…흙 속에서 부서지네.

정자각 위의,
어처구니가
…무심하게 보고 있네.

시작時作 모티브motive

수복방 문턱에 앉아 처마 끝에서 떨어지는 낙숫물을 바라보았다. 똑똑똑 떨어지는 모습을 시각적으로 한 글자씩 아래로 써 내려가며 빗물을 형상화하였고, 죽음을 향해 쉼 없이 전진하는 인생의 무상함을 표현해 보았다.

바람風

바람이
퍼
부었던
어느 날 오후.

이리저리 흔들리며
웅웅대는 아우성은

격랑 속에 흔들렸던
나에게

풀잎처럼
누우라 한다.

시작時作 **모티브**motive

꽤나 거세게 불어오는 바람에 재실 뒤 나무들이 흔들리며 아우성치고, 습지에 형성된 풀숲의 일렁이는 모습을 보며… 격랑의 젊은 시절을 보낸 나에게 잠시 쉼의 위로를 전해 본다.

산책

갈참나무 아래 벤치에 앉아
투닥투닥 떨어지는
도토리를 마주한다.

안개 내린 산책로 위로
붉은빛 가랑잎에 몸을 눕고,
다람쥐 입안 가득
가을을 주워 담으며
올망올망 겨울을 준비한다.

나는 오늘
늦은 가을 길을 거닐며,
떨어지는 가랑잎과 도토리,
다람쥐의 바쁜 발자국 속에서
그들과 함께 행복함에
깊은 호흡을 한다.

시작時作 모티브motive

산책하다 돌 위에 앉아 주변을 바라보던 중 주변의 갈참나무 아래 떨어진 도토리를 보고, 멀리서 다람쥐가 두 손으로 바쁘게 도토리를 주워 담는 모습을 보며, 가을의 소소한 풍경 속에 느끼는 작은 행복을 그려 보았다.

아침

아침 하늘이

파
랗
게
푸르러 보여요.

봄
빛
손님도
하얗게
오시는데

나만
검다고
할 수는 없잖아요?

시작時作 모티브motive

어느 봄날 아침, 문을 열어 비 개인 하늘을 올려다보았다. 투명하고 맑은 파란색 하늘 아래로 빗물 머금은 풀잎이 이슬 되어 햇살에 하얗게 부서진다. 아직 겨울이 다 가지 않았음을 이야기할 수 없는 아침의 풍경을 담아 보았다.

봄

보셨어요?

겨
우
내

움츠렸던
개나리의
말랑말랑한

파릇한
새
순을…

시작時作 모티브motive

파랗게 올라오는 개나리의 새순을 보며 봄이 오고 있음을 표현해 보았습니다.

대추나무

담장보다 키 큰
대추나무 가지 끝에
주렁주렁 대추알이
발갛게 물들어 있습니다.

아직은 힘든 모습으로
대추 가지를 늘어뜨리고
부는 바람에 하냥하냥
아이들을 부르고 있는데,

동네 꼬마들 올망올망 모여
대추나무 흔들며
조막손 마다마다
가을을 주머니에 담습니다.

바람이 머무는
골목골목마다
대추 향기 그득그득 퍼지고
햇살은 가지와 잎 사이사이 춤추며
아이들의 웃음소리 메아리칩니다.

하늘빛 푸르른
아이들의 눈망울이
옹기종기 대추나무에 영그는
솔솔한 가을입니다.

시작時作 **모티브**motive

가을, 대추나무 가지를 흔들며 대추를 주워 담는 아이들의 순수하고 즐거운 모습을 바라보며…

4월의 비바람

4월의 창밖,
봄비라 하기엔
바람이 차다.

버드나무 새순은
빗결에 눕고,
굴뚝 새 한 마리
젖은 날개를 턴다.

노란 수건이
나뭇가지에 매달려
마지막 숨을 고르고,
비에 젖은 햇살은
잎새 위에 고개를 숙인다.

하얀 빗방울,
빛바랜 노트 위에
기다림을 그린다.

그 누가
사무치게 그리워,
4월은
이토록 흔들리는가.

시작時作 모티브 motive

4월이면 봄이라 말하기에 충분하지만, 내리는 비는 아직도 겨울 바람을 머금은 그대로입니다. 빨랫줄에 걸려 바람에 흔들리는 노란 수건과 담장 위에 앉아 몸을 털고 있는 새 한 마리, 빗방울 날려 노트 위에 떨어져 얼룩을 만드는 풍경과 느낌을 담아 보았습니다.

봄 2

겨울이 가는 모퉁이에
바람이 누워 있습니다.

일렁일 줄 모르는
바람을 흔들어 봅니다.

바람 속에 묻어 있는
한 줌 옥빛 잔디 내음.

진달래 여린 잎 새는
아침 고운 이슬을 안고,
개나리 화사한 꽃잎은
푸른 아침 햇살을 안았습니다.

부드러운 햇살이
잠든 커튼을 걷으며,
보드라운 속살을 어루만집니다.

시작時作 모티브motive

겨울과 봄의 경계에 서 있지만, 이미 피어난 진달래와 개나리가 봄이 와 있다고 나에게 속삭이는 듯한 느낌을 담았습니다.

고추잠자리

여름 하늘 한자리에
무심히 걸터앉아
가을을 기다리는
눈동자를 봅니다.

푸른 하늘빛만큼
설레던 기다림은
물기 촉촉히 내린
파란 포도송이 햇살 아래서
눈을 감습니다.

여름의 폭풍이
노란 장미 잎새에 머무는 동안,
가을의 바람은
성숙을 이루게 하고,
저만치 흩어져가는

참매미 울음소리 뒤로
빨간 고추잠자리가
국화 위에 내려앉음을 바라봅니다.

여름이 이리도 지리하리
… 긴만큼

가을은,
분홍빛 커튼 사이로
한 뼘씩 가슴 속으로 스미는
… 입추入秋의 푸른 밤입니다.

시작時作 **모티브**motive

고추잠자리가 국화 위에 앉아 있는 모습을 바라보며 잠시 이런저런 생각에 잠겼던 순간을 담아 보았습니다.

소풍笑風

푸른빛 가득한 하늘과 강가.
황금빛 물결 흐드러진 금계국.
간지러운 소녀들의 웃음소리.
속살거리며 마주치는 눈 맞춤.

너와 함께,
코스모스 하늘거림 속에
재잘거림과 깔깔거림이 가득했던
소풍笑風이었네.

소풍笑風

푸른빛 가득한 하늘과 강가.
황금빛 물결 흐드러진 금계국.
간지러운 소녀들의 웃음소리.
속살거리며 마주치는 눈 맞춤.

너와 함께,
코스모스 하늘거림 속에
재잘거림과 깔깔거림이 가득했던
소풍笑風이었네.

시작時作 모티브motive

흐드러진 금계국과 코스모스 꽃밭을 따라 벗들과 함께했던 소풍消風이 소풍笑風으로 변해 행복했던 한때를 그려 보았습니다.

제3장

일상의 단면, 도시의 풍경

반복되는 하루 속에서도 시는 살아 있었다.
커피 향기, 버스 손잡이, 전철의 창문…
그 안에 우리의 숨결이 있다.

쉼

여기가…
홍대라지?

그럼,
잠시…

쉬었다,
…가봄세.

커피 향기 스며드는 자리,
마음도 잠시

누웠다,
…가봄세.

시작時作 모티브motive

길을 걷다 다다른 홍대. 신촌에 이어 새로운 명소로 떠오르고 있는 곳이라기에 커피 한잔에 지친 발걸음을 잠시 멈추었다. 창밖으로 보이는 바쁘게 움직이고 있는 사람들의 시간을 보며 멀리서 지나고 보면 순간이며 찰나일 텐데… 가끔은 이렇게 쉬었다 가는 여유를 가지는 것도 나쁘지 않겠다는 생각이 들었다. 말줄임표를 사용해 휴식의 시간을 표현해 보았다.

출근하는 서울

아침이면 햇살을 받아
부스스한 눈을 씻는다.

칼날처럼 나부끼는
찬바람이 목깃을 파고들고,
치약 내 묻어나는 입김으로
후~~~ 창가에 불어 보면…

난, 희미한 모습으로
파란빛 때 묻은 손잡이에 매달려
흔들리는 날지 못하는 박쥐가 되어 있다.

스치듯 보이는 창밖의 하늘은
늦가을 푸르른 여유로 가득한데,

한 손은 허공을 헤매고

한 손은 천정에 매달려
충혈돼 휑한 두 눈은
무심한 시계바늘만 좇는다.

이곳은 넉넉함의 미소가
오물로 가득 찬 탁한 곳.
지하도 한 벽면에 반짝이는…
"올겨울에는 모피를 입으세요."

여인의 아랫도리가 춥다

한낮의 졸리운 시간은
또 다른 무력감을 잉태하고

뉘엿뉘엿 해거름 저녁녘이면
아줌마 건네는 한잔 술에
주저주저 옮기는 힘겨운 발길들…

낙엽이 바람에 흔들리는
습한 밤이 찾아오면…

나는 또 다른 불빛 아래
흔들리는 전선 위의 참새처럼,
잠들지 않는 서울의 내일을 기다린다.

시작時作 모티브motive

겨울이 오는 어느 아침. 만원 버스 손잡이에 매달려 피곤한 몸으로 출근하고, 정신없이 바쁜 오후를 보낸 뒤, 퇴근길 지하철 벽면에 붙은 광고 속 여인이 모피를 어깨에 걸치고 다리 위 흰 살을 드러낸 채 화사하게 웃고 있는 모습을 보며 심한 추위를 느낀다. 따스한 김이 유혹하는 포장마차에서 한잔하며 귀가하는 무거운 하루의 일상과 또 다른 내일을 준비하는 내 모습의 일상을 그려 보았다.

비눗방울

입으로 후~ 불어보면
바람 타고 햇살 부딪혀
무지개구름 위로 흐르는
방울방울 비눗방울.

노란 햇살
무지개 타고 내려와
엄마 방울, 아빠 방울
곱게 만들면,

작은 손짓
푸른 하늘 휘저으며
하얀 방울, 빨간 방울 잡으려 하니,
옆집 외동 슬이
바람 타고 올라간 하늘 방울 바라보며
엄마보고 고개 돌려 울먹입니다.

동생 비눗방울 만들라고…

시작時作 모티브motive

놀이터 공원에 앉아 있던 오후, 301호 자매가 비누방울 놀이를 하는 모습을 지켜보던 501호 아이가 같이 놀아 달라며 301호 자매에게 다가가는데 301호 자매가 같이 안 놀아 준다며, 엄마 보고 우는 모습을 보며 동생이 필요하겠구나 하는 생각을 했다.

꿈

코발트빛 하늘만큼이나
9월이 깊게 취해가는 가을.

늦은 발걸음,
지친 손으로 건네는
구겨진 천 원 한 장

소주 한 병 값도 안 되는
좌판의 국화 한 다발을
사 들었다.

부스스한 눈을 비비며
충혈된 토끼 눈으로
아내는 꿈 이야기를 한다.

밤새

노란 꽃잎이

비처럼 내리던

그 꿈을…

시작時作 **모티브**motive

늦은 저녁, 소주 한잔하고 귀가하던 길, 주머니에서 천원 두 장을 꺼내 좌판에 놓인 노란 국화 두 송이를 아내에게 건넸다. 무척이나 기뻐하며 좋아했던 아내가 노란 꽃잎이 밤새 눈처럼 내렸을 그 꿈을 그려 보았다.

성하천 盛夏天

7월의 붉은 하늘을 가린
구멍 뚫린 검은빛 차양 그물 아래,
허름한 손수레 하나 덩그러니
외로움으로 놓여 있습니다.

흰빛 철기둥에 비스듬히 기댄
아낙의 손부채는
뜨거운 열기를 품은 채
거친 숨을 가슴으로 연신 토하는데,
오수午睡를 즐기는 아이 이마 위로는
아우성 없는 파리 한 마리
시샘하듯 날아듭니다.

7월을 꼭 쥔 조막손 안에는
얼룩져 굳은 아이스크림 자국과
시리도록 빛나는 흰빛 나무 손잡이.

뭉게구름 속으로 감기던 꿈결처럼
그리움만이 남아 있습니다.

바람도 멎은 시멘트 광장 위,
망치 소리 메아리치며
아스팔트 위로 날리는데
갈라져 애절한 아낙의 목소리는
한 점 서러움으로 놓입니다.

외면하듯 스쳐가는
내 습한 등 뒤로
햇살처럼 날아와 꽂히는
아낙의 주름진 눈빛 하나…
기다림의 삶임을 알았습니다.

깨어진 보도블록 사이로
주홍빛 햇살 내려와
매미의 울음소리와 함께
하루가 저물어 가고 있습니다.

저녁을 재촉하는 무심한 마음들,
비울 수 없는 한잔 술로
숨 죽여 오늘을 채우고 있습니다.

시작時作 모티브motive

여름, 뜨겁고 강한 햇볕이 내리쬐는 아스팔트 위, 보도 블록을 갈며 하루를 보내는 노동자의 모습과 막노동을 나온 아낙, 그 옆에 아이스크림을 먹다가 잠든 어린아이의 모습을 바라보며 도시 속 고단한 삶과 일상의 소소한 일상을 그려 보았습니다.

운동장

불빛이 너무도 부시어
혼자임이 애달파
맨발로 문을 열었습니다.

쏴아아, 일렁이는 잎새들의
파도 소리가 허한 벌판을 가르고
살랑이는 바람만 혼자되어 남습니다.

모두가 잠들어 가는 이 밤
함성 가득하던 운동장엔
바람과 별과 나만이 있을 뿐,
그 슬프던 달빛조차 한 조각 없습니다.

스탠드 한 편 우두커니
홀로 앉아 있음이 섧습니다.

어린 나의 동생들이
내달리던 운동장엔
바람이 있고, 별이 있고
마로니에 번득이는 잎새가 있고,
숨 가빴던 땀내 나는
헌 운동화가 남아 있습니다.

봄이 지나 여름이 오면
나의 어린 동생들은
이 운동장에서 또
무엇을 할까요?

맨발로 문을 박차고 나와
나처럼,
저 바람 속에
서 있을까요?

시작時作 **모티브**motive

가로등 불빛에 비친 운동장과 늦게까지 공을 차는 아이들, 트랙을 돌고 있는 사람들, 바람에 일렁이는 플라타너스 나무들… 퇴근길 한잔 후 텅 빈 스탠드에 앉아 운동장을 바라보며 이런저런 생각을 하던 순간을 담아 보았습니다.

노란 우산

가랑비 소리 없이 젖던
어스름 저녁 무렵
당신은 노란 우산을
잊고 가셨습니다.

채 마르지 않은 빗물에
가슴을 드러내놓고
헝클어진 머리 위로
회색 하늘을 이고
그렇게 떠났습니다.

거리엔 자동차의 소음이
잠든 밤을 깨우고
멀리서 스며드는
비린 바다 내음은
당신의 발끝을 적셔 놓았습니다.

당신이 가신 빈자리에는,
노란 우산이 뼈마저 드러낸 채
헤어짐의 슬픔을 이야기하는데,
점점이 찍힌 당신의 발자국 위로
나의 그리움이 상처처럼 남아 있습니다.

당신이 두고 간 노란 우산 위로
까만 경포의 밤이
노랗게 물들어 가는 여름밤입니다.

시작時作 **모티브**motive

비 내리던 여름, 경포대에서 저녁 무렵 누군가 두고 간 노란 우산을 바라보며, '내 님이 두고 간 우산이라면?' 하는 생각을 해 보았습니다

심야 深夜

가슴이 이리도 애타는 것은
밤이 너무도 고요한 까닭입니다.

휑한 하늘 위로
눈송이 날리는데
가슴엔 비가 내리고 있습니다.

사면이 어두운 골목,
시계 소리만 들릴 뿐…

바람이 잠든 가지를 깨우고
성에 낀 창문을 흔듭니다.

이젠
일어나야겠습니다.

동트는 아침 하늘 아래,
타오르는 가슴을
토吐:해야겠습니다.

시작時作 모티브motive

당신을 생각하며 늦은 밤이 새벽까지 이어졌습니다. 초침 소리가 유난히 크게 들리고, 창문 흔들리는 소리가 고요함을 깨우기에 이불을 걷어 일어나야만 했던 순간을 그려 보았습니다.

감기몸살

하얀마스크위엔아직도
어제의차가운먼지가묻어있습니다.
깊게패인두눈目속으로지랄같은
눈빛雪色을쑤셔넣어봅니다.
밤사이얼어붙은아궁이.
방안엔먼지묻은기침이얼룩져뒹굴고,
나는헝클어진머리위에꿈결같은
한잔의술을부어깨웁니다.
끊길것같지않은깊은바틈이
온몸의신경을소스라치게깨웁니다
충혈된두눈속으로하얀동이터오르는데,
새벽은미적미적움직이지않습니다.
차라리선홍빛꽃무늬를그려
하얀아침을감싸겠습니다.

시작時作 모티브motive

몸살로 고통스러운 밤을 보내고 아침을 맞이하던 그 날을 그려 보았습니다. 띄어쓰기를 하지 않은 것은 너무 아파 잠시라도 쉴 수가 없었던 상태를 표현한 것입니다.

일상日常의 상념想念

나는 지금
차창에 무거운 머리를 놓습니다.

온갖 소음은
바람이 되어
꿈결처럼 흩어지고,
레몬빛 등길을 따라
해저 같은 터널을 지납니다.

나는,
네온이 그린 여명의 강가를
안개처럼 지나,
언덕을 넘습니다.

시간은 흐르고,
안개처럼 차車들은 지나가는데,

까치는 머리 위에서
잠이 들어 있습니다.

시작時作 모티브motive

새벽, 버스 차창에 머리를 기대고 출근하는 길, 터널을 지나고 여명 속의 강이 보이는 풍경을 그려 보았습니다.

순환선

이리도 사람이 많은데
모두가 타인입니다

무표정한 얼굴 위에는
겨울의 잔설이 남아
희미하게 얼룩져 있습니다.

도서실 안에 있는 듯
무심한 소리 하나,
그것은 시간입니다.

어쩌다 올려다본
어두운 터널 끝,
…을지로순환선
표지판 하나.

출발지가 도착지가 되는
정녕 갈 곳을 잃은
사람들뿐입니다.

어린 아가의 칭얼거림이
잠든 봄을 깨우며
발걸음을 재촉하는
늦은 저녁입니다.

시작時作 모티브 motive

이른 봄 저녁, 퇴근길에서 을지로 순환선 전철을 기다리며 바라본 풍경과 그 속에서 느낀 사람들의 모습을 그려 보았습니다.

짧은 여정

술에 취한 밤,
스물아홉 마리의 뱀이
깨어 꿈틀댄다

떨어지는 혈흔血痕이
가을 낙엽 위로
붉게 피어난다

설화雪花가 녹아 내리기도 전에
어둠의 빈 가슴은
차가운 얼음을 씹는다.

향기 흐르는
노란 봄날이 오면,
개나리와 수선화로
꽃밭을 만들 수 있을까?

시작時作 모티브motive

힘들었던 스물아홉 살의 여정, 어느 겨울 끝자락에서 노랗게 물들어 있는 꽃밭을 그려보며…

꿈(밤의 노래)

어둠이 내려앉는 밤입니다.
한 잔의 술과
한 움큼의 음악,
한 모금의 담배 연기가 있는
이곳은 고향입니다.

술 향기를 입에 묻히며
음악을 마십니다.
고향의 하얀 연기가 피어납니다.

가사도 모를 음악을 들으면서도
이렇게 기쁜 까닭은 무엇입니까.
아직도 저는
하늘의 별이 반짝이는 이유를 모릅니다.

은하수 저편,
멀리 있는 동화 속 나라가
왜 마음속에 자리 잡아 있는지 모릅니다.

밤이 꽤나 깊어 갑니다.
괘종의 긴 여음 속으로
어여쁜 흥얼거림이 묻어 있어
고개를 돌립니다.

피아노의 하얀 건반 위에는
겨울의 눈송이가 날리고,
마른 가지 사이로 흘러드는
무지갯빛 목소리가 아름답습니다.

지금은 아마도

꿈을 꾸는 듯합니다.

꿈을 꾸듯,

밤은 이미 하얗게 내려앉아 있습니다.

시작時作 모티브motive

조금 술을 과하게 마시고 담배를 피우며, 밤하늘, 괘종시계, 눈송이, 음악 소리. 모든 것이 마치 꿈속에 있는 듯한 나의 모습을 그려 보았습니다.

소크라테스의 결혼

여름은 이마를 타고 목으로 흘러옵니다.
살랑이는 밤하늘의 미풍 속에서도
시원함을 느끼지 못하고
가슴이 조여 오는 것은
목을 조르고 있는 넥타이 때문입니다.

매일 죽는 연습을 한다는
어느 샐러리맨의 자조 섞인 언어는
햇살처럼 화살로 날아와 꽂히고,
스멀거리며 발등을 오르는 여름은
피곤에 지친 육신을 부패시킵니다.

자랑처럼 웃는 웃음소리가
자유를 잃어 만족한 소크라테스 같습니다.

시작時作 모티브motive

취업 전과 후의 모습. 샐러리맨의 모습에서 느껴지는 육체적 피로감, 정신적 압박감, 사회적 구속 속에서 흘러가는 일상을 바라보며, 자유롭게 철학을 탐구하던 결혼 전의 소크라테스와 현실 속 제약에 묶여 성찰하는 결혼 후 소크라테스를 대비해 그려 보았습니다.

첫걸음

새벽 솔밭 사이로
내려앉은 안갯길을
걷는 것은
가슴 벅찬 일이다

숨소리 크게 내어
폐를 한껏 부풀리고,
남김없이
토하고 나면
비로소 편안함이 스며든다.

가늠키 어려운 안개 가득한 저 끝,
열정과 용기를 다해
내딛지 않는다면
그 끝을 알 수 없기에
불안함이 깃들기도 한다.

시작時作 **모티브**motive

어렵게 취직하여 첫 출근을 하는 아침. 버스 정류장으로 가는 골목에 안개가 자욱해 있었다. 첫 출근의 긴장과 벅참, 다가올 미래의 불확실성 속에서도 용기를 내보자는 다짐을 해 보았다.

이메일

아침, 컴퓨터를 열면
언제나 내 곁에 있는 듯…
딩동
한 통의 메일이 도착했음을 알립니다.

밤새 써 내려간 님의 숨결
바람 되어 창가를 두드립니다.

나는 너에게,
당신은 나에게
조금의 여유와
조금의 그리움과
조금의 기다림을
쌓아 가는 연습을 했으면 합니다.

그렇게 우리의 추억이 쌓였으면 합니다.

사랑은
어떤 형태로든,
쌓
이
기
마련이니까요.

시작時作 **모티브** motive

컴퓨터가 일상화되면서 전자 편지가 손 편지를 대신한다. 손 편지는 서랍장을 차지하지만 전자 편지는 컴퓨터를 열지 않으면 볼 수가 없다. 서로에 대한 배려와 그리움의 감정은 진행형이지 않을까?

잊혀가는 단어들

생각만 하여도
가슴이 뛰는 것,
그것은 사랑입니다.

사랑하는 님을
기다리는 것,
그것은 그리움입니다.

시린 슬픔을 안고
둥글둥글 조약돌이 되어,
바람처럼 물가를
맴돌고 있습니다.

내게 남아 있는 건
허영과 오만,
그리고 자조의 언어뿐,

하늘을 노래할
마음 하나 없었습니다.

이제 나는,
잊혀 가는 단어들을
다시 찾고 있습니다.

사랑과 그리움,
그리고 기다림,
작은 떨림과
가슴 뭉클함을…

님의 사랑은
하늘빛, 푸른빛입니다
그건 정녕
사랑의 눈빛입니다.

시작時作 모티브motive

그리움, 기다림, 떨림, 조약돌, 사랑, 바람, 푸른빛… 마음속에 갈무리해 온 단어들이다. 시간이 흐르며 조금씩 잊혀 가는 것이 아쉬워, 그 사라져 가는 감정의 온기를 잠시라도 붙잡아 보고 싶었습니다.

산문 편 散文篇

새벽시장

난 일이 잘 풀리지 않거나,
경제적으로 곤란해질 때,
인간관계가 힘들 때,
혹은 여행을 떠나게 되면 그곳의 새벽시장을 찾곤 한다.

여명이 트는 시간, 알람을 맞춰 일어나거나
새벽의 배뇨감에 잠이 깨면
뒤척이다 못해 이슬을 맞으며 걸어 나간다.

생각해보면 기쁠 때보다는
힘이 들고 어려움이 닥쳤을 때,
나 자신에게 자극이 필요할 때
그곳을 찾았던 것 같다.

그곳이 야채를 파는 재래시장이어도 좋고,
수산물을 파는 어판장이어도,

따끈한 어묵과 새벽 간식을 파는 포장마차여도 상관없다.

그저 새벽을 여는 사람들의 부지런한 몸짓과
찬 공기가 전해주는 상큼함 속에서
나는 내가 살아 있음을 느낀다.

억척스러운 아낙네의 다부진 손짓,
리어카를 미는 거친 숨소리,
그 가까이에서 나는 문득 묻는다.

"나는 지금 잘 살아가고 있는가?"
"이대로 괜찮은가?"
"앞으로는 어떻게 살아야 하는가?"

여행을 가면 그곳의 새벽시장을 꼭 찾아가는 습관이 있다.
낯선 곳에서의 가벼운 흥분과
그곳 사람들의 삶을 들여다보고 싶은
어린 호기심 때문일 것이다.

밤새 잡아 올린 생선의 은비늘,

이슬을 머금은 야채의 숨결,
사람들 사이를 메우는 왁자한 소리,
분주하게 움직이는 발자국들,
덜 털린 흙먼지,
그리고 미소 가득한 얼굴의 주름을 마주하면,

나는 한없이 게으르고
남 탓만 하던 내 모습이 부끄러워진다.

그들 사이를 거닐며
땀내를 맡고, 어깨를 부딪히고,
쑥스러운 웃음으로 인사를 건네며
나는 스스로에게 조용히 말한다.

"아직은 괜찮아."
"파이팅."

새벽시장은 나태해지려는 나에게,
주어진 삶에 대한 충실함과
다하지 못한 책임,

그리고 다가오지 않은 오늘을 위한

불끈불끈한 용기와

온기 가득한 위안을 건넨다.

환갑여행

초등학교를 졸업한 지 50여 년이 되어가는 시점,
친구들과 함께 속초와 주문진으로 환갑여행을 떠나기로 했다.

이른 아침, 오랜 세월의 주름과 탈모로 서로를 알아보지 못해
쭈뼛쭈뼛 서성이며 이름과 얼굴을 더듬었다.
이름은 익숙한데 얼굴이 낯설고,
얼굴은 익숙한데 이름이 떠오르지 않았다.
그 어색함을 뒤로하고 버스에 몸을 실었다.

오랜만에 타보는 관광버스.
정숙이가 나눠주는 생수 한 병 김밥 한 줄,
소주를 따라 주며 수육 한 조각을 건네는 미화,
비닐봉지에 담긴 족발 한 조각을 들고 창밖을 바라보니
곱게 물든 단풍들이 10월의 산허리를 감싸고 있었다.

이런저런 사정으로 고향을 떠났던 친구들.

저마다 다른 곳에서 삶의 터전을 일구었지만,
이제 고향은 쉽게 갈 수 없는 곳이 되어 있었다.
부모님이 떠나시고, 어린 시절 함께했던 집이 팔리면서
그 길도 점점 멀어졌다.
그렇게 끊겼던 인연이,
이번 환갑여행으로 다시 이어졌다.

반갑다며 건네는 한잔에 얼굴이 발그레해지고,
마이크를 잡고 얼굴을 일그러뜨리며 감정을 잡는 친구의 모습에
"그래, 이 모습! 그래, 이제 기억이 난다."
사진 찍는 준이, 간식 준비를 위해 찬조금을 모으는 숙이,
박자와 음정이 틀려 당황하는 훈이를
코러스로 감싸주는 친구들의 웃음은 참 따뜻했다.

어둠이 내려앉고, 헤어짐이 가까워지자
우린 떼창을 부르며 목이 쉬도록 웃고 울었다.
그것 또한 추억의 탑 위에 쌓이는 기쁨이었다.

수많은 만남과 이별이 스쳐간 세월 속에서도
50년 만에 다시 마주한 친구들과

격 없이 마음을 나눌 수 있다는 게 참 행복했다.

장암역에서 막차로 이어지는 전철과 버스를 환승하며
새벽 1시, 집에 도착했다.
새벽 공기 속 달빛과 가로등 불빛이 피곤함을 비췄지만,
단톡방에 남긴 한 줄 메시지로 하루를 마무리했다.

"굿나잇. 쏘 해피."

지금 이 마음 그대로,
칠순여행을 기대해 본다.

오므라이스

고등학교 1학년 시절로 기억된다.

1978년, 그 무렵에는 미국이 월남전에서 물러난 지 얼마 되지 않아 반공 교육이 한층 강화되었다.

대부분의 학교에서는 6·25 기념일이면 반공 글짓기나 웅변대회를 열곤 했다.

그 시절 학생들 사이에서는 '러시안 룰렛'이라는 게임이 유행처럼 번졌고,

월남 참전 군인의 비극적 삶을 그린 영화 〈디어 헌터〉가 상영되기도 했다.

지금은 '베트남'이라 부르지만, 한자 뜻으로 본다면 '월남(越南)'은 '남쪽으로 넘어간다'는 뜻이다.

아마 중국식 표현의 영향이었을 것이다. 지금도 중국에서는 베트남을 '월남(越南, Yue Nan)'이라 부른다.

그 반공 글짓기 대회를 통해 나는 중학생 때 미처 알지 못했

던 글재주를 깨달았다.

'장원'이라는 타이틀을 받으면서 교내를 넘어 교외 대회까지 나가게 되었고, 의양지구 반공 글짓기 대회에 학교 대표로 참가했다.

낯선 분위기 속에서 소재를 찾지 못해 고민하던 끝에,
입학 후 처음 겪었던 교련훈련 풍경을 떠올렸다.
뙤약볕 아래에서 모형 총을 들고 제식훈련을 받으며
등줄기로 땀이 흘러내리던 그 순간을 글 속에 담았고,
결국 또 한 번 장원을 차지했다.

행사가 끝난 뒤 선배 형이 말했다.
"배고프지? 뭐 좀 먹고 가자."
그리고 나를 데리고 간 곳은 분식집도, 짜장면집도 아닌 생전 처음 보는 경양식집이었다.
면소재지에서 나고 자란 나에게는 어색하고 낯선 공간이었다.

"뭐 먹고 싶어?"
"잘 모르겠어요. 형이 시켜주세요."
"그럼 오므라이스 두 개 주세요."

타원형 접시에 담긴 노란 계란 보자기 안에는 케첩 향이 진한 볶음밥이 들어 있었고, 그 위에도 빨갛게 케첩이 뿌려져 있었다.

'처음이지? 난 오므라이스라고 해.'

마치 음식이 나를 향해 그렇게 말하는 듯했다.

선배 형이 먹는 모습을 조심스레 따라 하며 한 숟갈, 두 숟갈 삼켰지만 긴장과 낯섦 속에 먹은 탓일까, 집에 돌아와서는 배탈이 나고 말았다.
된장국에 익숙한 내 위장이 케첩을 받아들이지 못한 것이다.

지금은 오므라이스도, 하이라이스도, 카레라이스도 흔하지만 그 시절 면소재지의 한 경양식집에서 맛본 오므라이스는 아직도 내게 가장 진한 추억의 맛으로 남아 있다.

지금도 오므라이스를 보면, 그때의 나를 떠올리며
혼자 웃음을 짓곤 한다.

선물

영화를 보며 눈물을 흘리는 까닭은 무엇일까.
아마도 다하지 못한 아쉬움과 시간이 얼마 남지 않았음을 깨닫는 순간이기 때문일 것이다.

'다하지 못했다'는 말은
'했으나 제대로 하지 못한 것'도 포함될 것이다.
그리고 '시간이 없다'는 말은
'지금 당장 하지 않았기 때문'일지도 모른다.

누군가를 사랑하는 마음으로 선물을 건네는 장면에서 눈물이 흐른다면,
그 눈물은 선물의 값어치 때문이 아니라
그 안에 담긴 진심의 시간을 느꼈기 때문일 것이다.

살면서 우리는 수많은 선물을 주고받지만,
정작 오래 기억되는 선물은 얼마나 될까.

물질적인 것이 아니어도 괜찮다.
"고마워", "사랑해", "감사합니다"

그 말들 속에 진심이 담겨 있다면,
그것만으로도 마음은 따뜻해지고 눈가에 이슬이 맺힌다.

당신을 위해 선물을 준비해 본 지 얼마나 오래였을까.
오늘 퇴근길에는 꽃 한 송이를 준비해
"사랑해" 한마디로 마음을 전해보자.

선물은 받는 사람의 마음도 중요하다.
주는 이의 진심을 느끼고,
그 마음을 고스란히 담아 받을 때,
그 선물은 오래도록 잊히지 않는다.

봄 3

지난겨울, 사람들은 봄이 멀다고 했습니다.

마음이 얼어붙고, 그 얼어붙은 마음을 열지 못해 가슴이 시리다고 했습니다.

하지만 유난히 많이 내린 흰 눈 덕분에, 조금은 포근하게 보낼 수 있었다는 사람도 있었습니다.

차갑게 얼어붙은 바람이 귓불을 빨갛게 물들여도,

따스한 봄 햇살을 기다리는 여인의 마음을 배우며 좋다고 느꼈습니다.

새순이 돋고, 삐죽 솟아오르는 하얀 꽃망울을 보면,

마음은 생명의 환희처럼 출렁이고, 봄빛 파도가 됩니다.

겨울이 잔잔한 호수라면,

봄은 작은 돌 사이로 흐르는 계곡 물소리이자,

풀꽃 향기 가득한 생명의 태동입니다.

언 땅 위에서 돋아나는 파릇한 새순,

노랗고 짙푸른 봄빛으로 피어나는 아지랑이를 보면,
마음은 어느새 높푸른 하늘 위 흰구름에 닿아 있고,
푸르게 맑은 구름 사이로는 님의 얼굴이 있습니다.

봄은 기쁨과 꿈을 주어,
굳게 닫은 마음을 열고 얼어 있던 가슴을 녹입니다.
누군가에게 다가가고 있다고 느낄 때쯤,
봄이라는 소녀는 저만치 멀어져 갑니다.

봄은 아쉬움과 미련을 커피 향처럼 남기며,
여운을 자아냅니다.
초록빛 봄비가 풀잎 사이에 스며들면,
지난겨울을 떠올리며 마음이 맑아집니다.

어제 아침, 봄비가 내렸습니다.
 종각의 빈 잔디 사이, 진달래 꽃잎이 함초롬히 젖어 있었습니다.
 담장 위 목련은 눈부시게 탐스러웠고,
 잔디의 푸른빛은 아가의 미소처럼 포근했습니다.

봄은 밝은 햇살이 아니어도,
젖은 비의 모습으로 다가와도,

늘 정겹습니다.
봄은 그렇게 사랑스럽습니다.

택시, 그리고 작은 추억

　남양주 건이 마무리될 때까지의 시간을 잊고자, 택시면허를 따서 주간 근무로 택시를 몰기 시작했다. 4월 중순부터 시작된 운전은 5월 중순에 끝났지만, 내게는 소소하지만 소중한 추억을 남겨주었다.

　하루 12시간씩 운전하면서, 택시는 매일 사납금을 채우고 나면 현금과 카드 초과분이 남았다. 나는 현금 초과분을 회사에 입금하지 않고 가져가기로 했다. 가끔 1만5천 원에서 2만 원 정도 생기면, 퇴근길에 시장에 들러 저녁 찬거리로 생선을 사고, 아내가 좋아하는 사과도 함께 사 들고 집에 들어갔다. 그럴 때면 어린 시절, 아버지가 생선을 사 오시던 모습을 떠올리며 아버지의 마음을 헤아려 보곤 했다.

　남양주 건이 생각보다 빨리 끝나면서 택시는 그만두고 사업을 시작했지만, 가끔씩 그때의 경험을 서로 이야기하며 웃음을 나누곤 한다. 택시는 급여를 두 번 받는 구조였다. 한 번은 기본급으로, 또 한 번은 초과분으로. 1개월 차 초보였던 나는 기본급과 현금, 카드 초과분을 합쳐 월 180 정도를 받은 듯하다.

    기억을 남기고자, 카드 초과분으로 커피머신 세트를 사서 식탁 위에 놓았다. 커피 향을 맡을 때마다 그때의 기억이 떠오르고, 나 자신에게 파이팅을 외친다.

소풍笑風 2

인터넷에서 가벼운 두 줄 인사로 나를 소개하고
두 번의 얼굴을 마주한 뒤, 우리는 함께 소풍을 떠난다.

어른들이지만, 마음은 여전히 어린아이 같다.
밤을 설쳐 피곤한 몸을 안고, 이른 아침 안개가 살며시 스며들어
차갑지만 방해되지 않는 기운이 피부에 닿는다.

단톡방은 시끌벅적하다.
스텔라님은 작은 선물 꾸러미를 예쁘게 포장하며 밤을 지새웠다.
그 마음이 따뜻하게 전해진다.
비갠님은 지하철을 운전하고,
복희맘님은 바당아이님과 이야기를 나눈다.
나는 뒤에서 글을 적으며, 오늘의 소풍을 기록한다.

오늘은 해설사로 봉사하는 하늘j님이 연천으로 초대한 날.
연천은 나의 고향이기도 하다.
결혼 후 서울에 살며 함께 고향 길을 걸었던 사람들은 대부분 가족이었다.
그러나 오늘은 인터넷에서 만난 동호인들과 함께 떠나는 낯선 길.

사과밭에서 어제 딴 사과, 따뜻한 두유, 커피.
심심하지 말라며 건넨 사탕과 과자가 담긴 하얀 봉지.
구불구불 먼지가 날리는 재인폭포로 가는 길, 누렁이와 마주친다.
조막손만 한 앙증맞은 사과를 한 입 베어 물면
향기로운 애플에이드가 입안 가득 퍼진다.

금계국은 황금빛 물결을 이루고,
코스모스는 흐드러지게 길가에 피어 있다.
소년과 소녀처럼 깔깔거리며 그 길을 걷는다.

구석기의 막집과 신석기의 움집,
움막집이라는 새로운 지식을 배우고

타제석기와 마제석기가 소환된다.

호로고루에서는 나무와 벤치가 함께 있는 곳에서
연인처럼 포즈를 잡으며 얼굴이 붉어진다.

저녁 노을이 어둠을 부르는 카페,
소행성님은 한 땀 한 땀 뜬 가죽공예 숄더백을
하늘j님에게 선물하고,
바당아이님은 카메라로 생명을 불어넣는 마술을 펼친다.

마음을 가득 담아 준비한,
작고 많은 선물을 주기 위해
어른들은 잠을 설쳤을 것이다.

그리하여 오늘의 소풍, 消風,
코스모스 하늘거림 속 재잘대는 깔깔거림이
가득했던 소년소녀의 笑風이 되었다.

안산의 향기

이른 아침, 그릇 부딪히는 소리에 눈을 뜨니
불현듯 숲의 향기가 그리워졌다.
아이의 출근길에 따라 나섰다.
작은딸의 직장은 안산 근처.
오늘은 데이Day 근무라 한다.
오전 7시까지 출근해 3시에 퇴근하는 근무.
아이 출퇴근에는 엄마의 의전 차량이 기동한다.

산을 오르니, 등산이라 하기에는 안산이 조금 부담스럽고
산책이라 하기에는 조금 부족하나
그래도 나는 '산책'이라 부르곤 했다.

숲의 향기를 맡으며, 비교적 얕고 완만한 안산에 다다랐다.
안개가 걷히기에는 아직 이른 시간,
몽환적 분위기가 나를 맞아주었다.
나서길 잘했다는 생각이 들었다.

허브향 가득한 정원을 지나
계단 옆 흙길을 걸어 오르니,
메타세쿼이아가 나를 반겼다.
허리까지 휘감은 안개는 공기층을 이루고
숲속 향기를 그대로 머금고 있었다.

벤치에 앉아 음악을 듣고, 커피를 한 모금.
온전한 아침의 행복이 스며든다.

언덕을 오르는 길,
흰 물감을 흩뿌려 놓은 듯한 흰꽃,
노란 백일홍을 닮은 듯한 노란 들꽃,
라벤더를 닮은 보랏빛 들꽃들이
숲의 향기와 어우러져 길을 가득 채운다.

정상에 다다르니,
내 키만 한 봉수대가 안개 자욱한 중심에 서 있었다.
봉수대 뒤로 보이는 시내는 안개에 묻혀 있었다.

바람에 흐늘거리는 푸른 아카시아 잎,

흐릿한 안개를 배경으로 검게 드러나
내 카메라 속 산수화가 된다.

내려오는 길,
흰 강아지를 안은 여인과
가쁜 숨을 몰아쉬며 계단을 오르는 배불뚝 청년,
멀리서 들려오는 아침 운동의 함성.

신발을 벗고 양말도 벗어,
황톳길을 밟는다.
발가락 사이사이, 발바닥을 간지럽히는 누런 황토 진흙.
물을 건네며 속삭인다.
'아직 물이 따뜻하네요.'

시장기를 느낀 탓일까,
마치 참기름과 들기름이 완벽한 밸런스로 비벼진
비빔밥 한 숟가락을 입안에 넣은 듯한 아침 산책이었다.

산문 편散文篇

운동화

초등학교 4학년, 나는 처음으로 운동화를 직접 빨아 신기 시작했다.
-그때부터 자립의 시작이었을까?-

제빛을 잃어가는 운동화를 다시 손에 들었을 때,
그 시절 기억이 떠올랐다.
하얀 고무와 천 사이로 스며들던 땀과 흙 냄새,
어린 나의 땀 냄새까지 함께 기억된다.

원래 이 운동화는 봄·가을 외출용이었다.
하지만 1년 전 탁구를 시작하면서 생각이 바뀌었다.
'굳이 탁구화를 살 필요가 있을까?'
결국 실내 운동과 탁구장을 오가며
나의 외출용 운동화는 원치 않는 탁구화가 되었다.

몇 번 미끄러지는 모습을 보고,
'찰고무 운동화가 필요하구나' 생각이 들었다.

그래서 노란 탁구화를 주문했다.
-나는 탁린이, 노란 병아리!-

빨랫비누가 없어 세탁기용 액체세제에 과탄산을 넣고 3시간 불린 뒤,
여섯 번 헹굼질과 이틀 건조를 거쳐
운동화는 다시 제 모습을 찾았다.

빨면서 문득 깨달았다.
'맞다, 운동화 빨아 주는 곳이 있었지?'
어린 시절의 추억을 따라 서두르다 보니,
빨래방이 떠오르지 않았던 것이다.

건조대 위에서 잘 말린 운동화를 보며
'잘 빨았네'
시크하게 한마디 던진다.

제법 깨끗하다.

하얀 운동화 끈으로 나비리본 매듭까지 지어 놓았다.

추억과 현재가 함께 머무는 작은 성취였다.

친구에게

친구!
정말 오랜만에 부르는 벗의 이름이네.
자네가 떠난 뒤 이곳은 쓸쓸함만 남아 허전하다네.
조그맣게 열려 있는 문틈으로 비치는 별빛이, 내 유일한 위안이 되어 주고 있다네.
하지만 우기가 겹쳐 그마저 보기 힘든 날이 많다네.

비가 오던 날, 작은 배낭 하나 들고 떠나던 자네 모습이 아직도 눈에 선하다네.
우리 함께 뛰놀던 놀이터에는 지금, 시들어가는 꽃 한 송이가 친구를 기다리고 있다네.
어느덧 7월, 자네가 떠난 지 벌써 반년이 지났다네.

기억하는가, 쓰러져 가는 봄을 부둥켜 안으며
"친구, 자넨 바람을 보았는가?" 하고 묻던 나의 질문을.
자네는 망연히 듣고만 있었지.

바람은 좋은 친구가 되네. 자유롭고 어디든 갈 수 있다네.
솔밭에 머무는 요요한 달빛 속 바람은 향기롭다네.
라일락 향기를 실은 바람은 사랑처럼 달콤하다네.
이슬 머금은 아침 바람은 얼마나 신선한지.
비 오는 날 습기 어린 바람은 사람을 진실되게 한다네.

굳이 문을 열지 않아도 되지.
조용한 시간 속에서 마음으로 바람을 느껴보게.
혼자 있는 자네 곁에도 어느덧 다가선 내가 있음을 알게 될 거네.

돌이켜 보면, 바람뿐이겠는가.
곁에 있는 모든 것이 친구가 되어 준다네.
우리는 사물 하나하나에서 지나온 기억을 떠올리고,
그 기억들을 "추억"이라는 단어로 아름답게 포장하지.
바람은 좋은 추억을 만들어 준다네.

마음이 피곤하거나 힘들 때, 바람을 가까이 해 보게.
자네를 짓누르는 고통이 한결 가벼워질 거라 믿네.

밤이 깊어도 빗소리는 아직 그칠 줄을 모르고 있다네.
자네 귓가에도 이 빗소리가 들리는지.

내 곁에 모로 누운 "H"는, 비 때문에 내일 일을 공칠까 걱정하고 있다네.
하지만 이번 추석, 노모를 위해 전기 안마기를 선물로 가져가려는 친구라네.
성실하게 살아가는 모습이 얼마나 아름다운지.

아침이 되어 햇살이 정원 앞뜰 풀잎에 가득할 때,
"H"의 걱정이 환한 미소로 바뀌는 모습을 보고 싶다네.

시간이 나면 또 몇 자 적어 보내겠네.
건강하게 지내게, 친구.

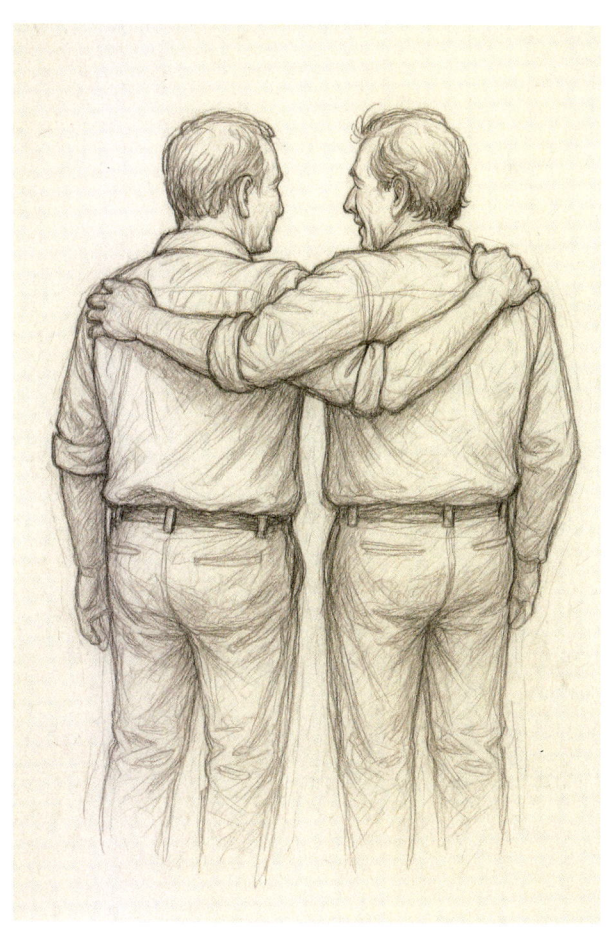

에필로그

바람이 지나간 자리에서

시간은 흐르고,
우리는 여전히 걷고 있습니다.
누군가는 사랑을 잃고,
누군가는 봄을 맞이하며,
누군가는 일상의 터널 속에서
작은 빛을 찾아 나섭니다.
시를 쓴다는 건
세상에 남겨진 조용한 숨을 하나 더 세는 일이고,
한순간의 마음을 영원으로 남기는 일입니다.
읽는다는 건
그 숨결에 귀를 기울이는 일입니다.

이제 책을 덮는 당신의 손끝에
바람 한 줄기라도 머물러 있다면,
그 마음이 누군가에 닿을 수 있다면,
그것이면 충분합니다.
그 바람 속 어딘가에서
당신과 나, 그리고 우리의 하루가
잠시 마주하고 있었음을 믿습니다.